ピンとくる仕事や先輩を見つけたら、巻末のワークシートを記入用に何枚かコピーして、
手もとに置きながら読み進めてみましょう。

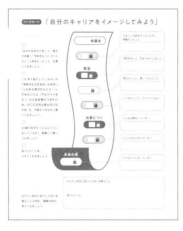

ワークシート
「自分のキャリアをイメージしてみよう」

ワークシート
「自分にとって大切なことを考えてみよう」

このワークシートは、自分の未来を想像しながら、
自分が今いる場所を確認するための、強力なツールです。

STEP1から順にこのワークに取り組むと、
「自分の得意なこと」や「大切にしていること」が明確になり、
思わぬ気づきがあるでしょう。

そして、気づいたことや思いついたことは、
何でもメモする習慣をつけるようにしてみてください。

迷ったとき、くじけそうなとき、記入したワークシートやメモをふりかえれば、
きっと、本来の自分を取り戻し、新たな気持ちで前へと進んでいけるでしょう。

さあ、わくわくしながら、自分の未来を想像する旅に出かけましょう。

ボンボヤージュ、よい旅を！

ジブン未来図鑑編集部

ジブン未来図鑑

キャラクター紹介

「子どもが好き！」
「動物が好き！」

メインキャラクター

アンナ

ANNA

ムードメーカー。友だちが多い。
楽観的だけど心配性。

「スポーツが好き！」
「食べるのが好き！」

メインキャラクター

ケンタ

KENTA

「医療が好き！」
「おしゃれが好き！」

メインキャラクター

ユウ

YŪ

人見知り。ミステリアス。
独特のセンスを持っている。

「アニメが好き！」
「演じるのが好き！」

メインキャラクター

カレン

KAREN

リーダー気質。競争心が強い。
黙っているとかわいい。

参謀タイプ。世話好き。
怒るとこわい。食べるのが好き。

「宇宙が好き！」
「デジタルが好き！」

メインキャラクター

ダイキ

DAIKI

ゲームが得意。アイドルが好き。
集中力がある。

ジブン未来図鑑

JIBUN MIRAI ZUKAN

6

スポーツが好き！

サッカー選手　　　野球監督　　　eスポーツチーム　　　スポーツ
　　　　　　　　　　　　　　　運営　　　　　ジャーナリスト

MIRAI ZUKAN 01

サッカー選手
.... 04

サッカー選手 相馬勇紀さんの仕事 06

相馬勇紀さんの1日 08

相馬勇紀さんをもっと知りたい................. 10

相馬勇紀さんの今までとこれから................. 12

相馬勇紀さんがくらしのなかで大切に思うこと 13

MIRAI ZUKAN 02

野球監督
.... 14

野球監督 藤本博史さんの仕事 16

藤本博史さんの1日 18

藤本博史さんをもっと知りたい................. 20

藤本博史さんの今までとこれから................. 22

藤本博史さんがくらしのなかで大切に思うこと 23

MIRAI ZUKAN 03

eスポーツチーム運営

.... 24

eスポーツチーム運営　チョコブランカさんの仕事 …… 26

チョコブランカさんの1日 ………………………… 28

チョコブランカさんをもっと知りたい ………………… 30

チョコブランカさんの今までとこれから ……………… 32

チョコブランカさんがくらしのなかで大切に思うこと … 33

MIRAI ZUKAN 04

スポーツ ジャーナリスト

.... 34

スポーツジャーナリスト 吉田佳央さんの仕事 ………… 36

吉田佳央さんの1日 ………………………………… 38

吉田佳央さんをもっと知りたい …………………… 40

吉田佳央さんの今までとこれから ………………… 42

吉田佳央さんがくらしのなかで大切に思うこと………… 43

ジブン未来図鑑 番外編　「スポーツが好き！」な人にオススメの仕事 ………… 44

レフェリー（審判員）／コーチ…44　体育教師／スポーツトレーナー／スポーツ用品の企画／スポーツチームスタッフ…45　柔道整復師／整体師／スポーツドクター／スポーツ栄養士…46　スポーツインストラクター／スポーツ雑誌編集者…47

FOOTBALL PLAYER

サッカー選手

練習は１日に
どれくらいする？

入るチームは
どうやって
決めるの？

何歳から
練習すれば
いい？

試合前は
何をしているの？

サッカー選手ってどんなお仕事？

　サッカー選手は、プロサッカーリーグなどのチームに所属し、サッカーの試合に出て活躍する仕事です。日本のプロサッカーリーグは「Jリーグ」といい、J1からJ3まで3つのカテゴリーに分かれています。1年を通じて戦うリーグ戦のほか、賞杯をかけて戦うカップ戦やアジアのプロチームの代表が戦う大会などがあり、各選手はチームの勝利のためにプレーします。外国のプロチームで活躍する選手もいて、活躍の場は世界中に広がっています。特に技術が高い選手は、ワールドカップやオリンピックなどの国際試合のために招集され、日本代表に選ばれることもあります。また、実業団など社員として企業に所属し、企業内のチームの選手として活動する人もいます。

給与
（※目安）

38万円
くらい～

　Jリーグでは、新人選手の年俸は460万円以下と決まっています。試合に出て活躍するとそれ以上の金額で契約できます。スター選手は1億円を超えることも。

※既刊シリーズの取材・調査に基づく

（ サッカー選手に　）
　なるために

ステップ①
チームに所属して
サッカーをする
地域のクラブチームや学校のサッカー部に入り、コーチから指導を受けて実力をつける。

ステップ②
所属チームの
試合で活躍する
大きな大会で活躍できると、プロチームの人の目にとまることがある。

ステップ③
スカウトされて
プロ契約する
プロチームから声がかかり、練習への参加などで実力が認められると契約できる。

こんな人が向いている！
サッカーが上手。
負けずぎらい。
チームで協力するのが好き。
体調管理ができる。
持久力がある。

もっと知りたい

　サッカー選手として稼ぐには、10代から大きな大会で活躍することが必要です。Jリーグのチームは、将来のプロ選手を育てるアカデミーをもっています。アカデミーの選抜試験を受けて、契約後に活躍し、トップチームに昇格する道もあります。

サイドを爆発的なスピードで駆け上がるプレーは、相馬さんのもち味です。

チームに貢献できるように
自分の武器をみがく

　相馬勇紀さんは、日本のプロサッカーリーグ「Jリーグ」の名古屋グランパスに所属するプロサッカー選手です（2023年1月にポルトガルの1部リーグに期限付き移籍）。シュートをして得点を決めたり、シュートにつながる効果的なパスを出したりする攻撃的なポジションを担当しています。

　年間を通して戦うリーグ戦を中心に、カップ戦もあり、試合は週1回か2回開催されます。相馬さんは、

スピードのあるドリブルや、1対1で向き合う場面で相手をぬく強さなどをもち味としています。子どものころから、この得意なプレーをみがき続けているのです。相馬さんは身長166センチメートルと小柄で、それを不利だといわれることもありますが、体の重心がほかの人より低く、俊敏な動きができるからこそドリブルのもち味が出るので、相馬さん自身は強みだと考えています。そうした強みを活かし、試合で活躍して勝ち進むためには、試合前やあとに効果的な練習やトレーニングを行うことが大事になります。

　グランパスでは、試合の翌日は軽いジョギングなど

で体を整え、その次の日は休日。試合が週に1回の時は4日間を練習に当てて、次の試合にそなえます。チーム全体の練習は、芝生グラウンドの「ピッチ」で、午前か午後、1時間から1時間半くらい行います。最初の2日間は、時間も長めの激しいトレーニングをし、試合が近づいたら軽めのトレーニングでコンディションを整えます。サッカーはチームスポーツなので、チームで協力して結果を出せるよう、相馬さんは日ごろから、コミュニケーションを取ることを心がけ、選手同士のプレーの連携も確認します。また、得意のドリブルで相手をぬく練習では、実戦に合わせてチームメートと行うようにしています。

全体練習のほかに個人練習もあります。相馬さんは、ピッチでシュート練習やヘディング練習ができる機器を使って、ジャンプ力や体のバネがつく練習をしっかり行います。さらに、屋内のジムで筋力トレーニングを行い、つかれた筋肉をほぐし、ゆるんでいたらトレーニングを増やして、しなやかなよい筋肉の状態をつくることを心がけています。相馬さんは、自分の体と対話しながら、状態に合ったトレーニングをすることで、自分の能力を最大限に発揮できるようにし、それがけがをふせぐことにもつながっているのです。

食事にも気をつけていて、日ごろはバランスよく食べますが、試合前には、試合で力を出せることを第一

全体練習では、体を強化するトレーニングや、パス練習、試合形式のトレーニングなど、さまざまなメニューをこなします。

に食べるものを選びます。運動のエネルギーになるごはんやうどんなどの炭水化物をたくさん食べ、エネルギー源にならない野菜と、消化と栄養の吸収を遅くするはたらきのある乳製品は、試合前にはひかえます。

2022年、ワールドカップ出場。もっと日本にサッカーを広めたい

相馬さんは、日本代表チームでもプレーしています。いろいろなチームから選手が集まってくるので、おたがいのプレーや考え方を知ることが、普段以上に必要です。相馬さんは、練習中でも試合中でも、自分の特技や何ができるのかを、しっかり見せるように意識します。ピッチをはなれてからも、宿舎で卓球をしたり、おしゃべりをしたり、ほんの小さいことでもコミュニケーションを積極的に取るようにしています。

また、相馬さんは、チームが開催するファンサービスのイベントに参加したり、インタビューに答えてサッカーの魅力を伝えたり、プレー以外の仕事もこなします。特に、2022年にワールドカップに出場した経験から、もっと日本でサッカーをプレーする人が増えて、サッカーへの愛があふれる国にしたいという気持ちが強くなりました。今後、サッカーを普及させる取り組みに、さらに力を入れたいと考えています。

2022年にカタールで行われたFIFAワールドカップでは、グループステージ2試合目のコスタリカ戦に先発出場しました。

相馬勇紀さんの1日

試合前日にチーム全員でホテルにとまり、午後からホームゲームがある1日を見てみましょう。

試合の前日、チーム全員で近くのホテルに宿泊します。

試合で力を出せるよう、ごはん、スクランブルエッグ、みそ汁、オレンジジュースを選びます。

チーム全員で散歩をしてリラックスします。

7:50	8:00	10:15
ホテルで起床	朝食	散歩

23:00	18:30	17:50
就寝	帰宅・夕食	解散

家族とごはんを食べながら、ほかのチームの試合や自分のプレーをチェックします。

チームの練習場（トヨタスポーツセンター）にもどって、解散します。

試合で使うエネルギーにすばやく変わる、うどんやもち、おにぎりなどを軽く食べます。

チーム全員でバスに乗ってスタジアムに向かいます。着くまでは好きな動画や音楽でくつろぎます。

直接対決しそうな選手について、個別に情報をもらいます。

10:30
軽食

11:45
ホテルを出発

12:00
スタジアム着

12:10
ミーティング

16:00
試合終了・スタジアムを出る

15:00
後半開始

14:00
キックオフ

12:30
体を整える

応援してくれたサポーターにあいさつ。試合後は、体を動かすよりも早めに休むようにします。

15分のハーフタイム（休憩）をはさんで、後半戦がはじまります。

左足が先に出るほうが体のバランスがいいという理由で、ピッチには左足から入ります。

試合に向けて筋肉の状態を整え、バランストレーニングも行います。

INTERVIEW インタビュー

相馬勇紀さんをもっと

プロの選手をめざそうと思ったのは
いつごろですか？

　高校1〜2年生のころです。三菱養和サッカークラブの高校生年代チームに所属していました。先発出場は少なくて、有力な選手というわけではなかったのですが、2年生の時に国体の東京都代表に選ばれて優勝できたことが大きかったです。日本で一番になったのははじめての経験でした。同じ年に7年後の東京オリンピック開催も決まり「日本一を続けていったら、東京で開かれるオリンピックに出られるんだ」と思って、目標にもなりました。プロになってオリンピックに出ようと決意したのです。また、2年生の終わりに、湘南ベルマーレの練習に参加してプロチームの練習試合に出たことでも、「かっこいいしプロになりたい」というあこがれの気持ちが強くなりました。

子どものころからドリブルが
得意でしたか？

　ドリブルで相手をぬくプレーは、子どものころから得意でした。サッカーが好きになったのも、ドリブルで相手選手をかわし、シュートして点を取るのが楽しいと思ったからです。自分の得意なプレーはだれにも負けないようにしようと思って、その後もずっと練習で技術をみがいていました。高校時代に国体で優勝した時も、わたしがドリブルで相手をぬく活躍で結果を

出せたので、自信がつきました。苦手なところを補強するのも大事ですが、それよりも得意なプレーをのばして自分の特技にするほうが大事だと思います。

プロになる時、どうして
名古屋グランパスに入ったのですか？

　大学生でプロになりたいと思っていた時、最初に練習に誘ってくれたのが名古屋グランパスで、とてもいいチームだと感じました。当時の風間八宏監督の話を聞いて、このチームに入ればもっとうまくなれると思って決めました。グランパスに所属している選手のなかには、わたしのように、スピードがとにかく速くてドリブルをどんどんしていくタイプの選手があまりいなかったので、ほかの選手とのちがいを出せて、活躍できるのではないかと思ったことも理由です。

サッカー選手という仕事の
魅力は何ですか？

　第一に、好きなことを仕事にできるところです。そして、その仕事の様子を多くの人に見てもらえることも魅力だと思います。自分の仕事が大勢の人から注目されて、活躍をアピールできます。もちろん悪いプレーをしてしまえば批判も受けますが、必要以上に落ちこまないことが大切です。次の試合はまたすぐやってくるので、反省を活かして、自分のいいところを見直

知りたい

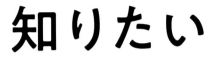

して活躍することができれば、またそれもちゃんと人に見てもらえます。

> 2022年のカタールワールドカップに出場してどう思いましたか？

　思うことはいっぱいあって、なかなかひと言ではまとめられません。世界を舞台に活躍する選手たちのレベルの高さ、勝負強さを強く感じて、もっともっと練習して力をつけないといけないと思いました。次のワールドカップにも出場して、今度は絶対に点を取ります。そして2022年には突破することができなかった「ベスト8」以上に日本チームを導きます。

ケンタからの質問

> 日本代表選手になるには、どうすればいいですか？

　日本のなかで、トップクラスの活躍をした選手が日本代表になれます。もし今、部活動やクラブチームでサッカーをがんばっているなら、自分の得意なプレーでそのチームの一番になることです。次は、住んでいる町のなかで一番に、市や県で一番に、と続けていって、自分の得意なプレーが日本のなかで一番輝けるようになったら、日本代表が近づきます。自分の武器をどれだけみがけるか、がんばってください。

わたしの仕事道具

加圧トレーナー

　筋肉のトレーニングは、ふつうはおもりなどで負荷をかけて行います。加圧トレーナーは、圧力をかけたい腕やももにパッドを巻けば、おもりがなくても負荷をかけたトレーニングができます。電源があればどこでも使えるので、遠征先にも必ずもっていきます。

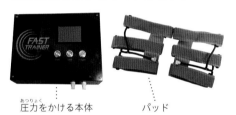

圧力をかける本体　　　　　パッド

みなさんへの　メッセージ

©N.G.E.

　サッカーしかしていないと、サッカーで使う筋肉しかつかなくなります。サッカー選手をめざす人も、子どもの時は、ほかのスポーツをやってみたり公園で遊んだり、いろいろな動きをするといいですよ。

©N.G.E.

相馬勇紀さんの今までとこれから

プロフィール

1997年、東京都生まれ。6歳から三菱養和調布サッカースクールに通い、布田サッカークラブでもプレーしました。早稲田大学卒業後、名古屋グランパスに所属し、フォワードやミッドフィルダーなどのポジションで活躍。スピードあるドリブルや正確なフリーキックを武器に、日本代表でも活躍しています。

N.G.E.

1997年誕生

2歳

テニスプレーヤーだった両親の影響で、テニスをはじめる。

6歳

幼稚園で仲のよい友だちのお兄さんに誘われて、サッカースクールに通いはじめる。

11歳

サッカースクールの系列のクラブチームに入ることが決まり、サッカーを本気でやろうと決意する。

今につながる転機

16歳

国体に東京都代表で出場し優勝。はじめて日本一を経験。2020年東京オリンピック開催も決まり、プロになりオリンピックに出ると決意。

22歳

早稲田大学を卒業後、プロ選手となり、名古屋グランパスに加入。満員のスタジアムでのプレーはとても楽しいと感じる。

東京オリンピックに出場。出場という目標は果たせたけれど、メダルにとどかず、くやしさが残る。

24歳

現在

25歳

グランパスでも日本代表でも活躍中。カタールワールドカップに出場して世界のレベルの高さも知り、海外でのプレーも視野に入れる。

©N.G.E.

未来

45歳

プロ選手を引退したら、指導者やコーチなど、サッカーにかかわる仕事をして、日本サッカーの発展に貢献したい。

相馬勇紀さんがくらしのなかで大切に思うこと

中学1年のころ ▬
現在

大学の時からお世話になっているセラピストに、定期的に体をみてもらっています。

サッカー選手は体を使う仕事なので、いつも健康には気をつかっているそうです。

人の役に立つ

勉強・仕事

遊び・趣味

自分みがき

健康

お金

人とのつながり

家族

息子が生まれて、はじめてのお宮参り。家族ができてサッカーに対する向き合い方にもよい影響があります。

Jリーグ100試合出場を達成した日に、仲のよいチームメートが一緒にお祝いしてくれました。

©N.G.E.

相馬勇紀さんが考えていること

**試合で結果を出すために
サッカーを忘れる時間も大事**

　サッカーの試合は90分。選手はそのうちの出場している時間しか、自分が努力してきたことを表現できません。限られた時間に自分にきた数回のチャンスで何をするかが勝負で、試合後はいくらくやしくても何もできないきびしい世界です。

　つねに全力でがんばることは必要ですが、だからといって、ずっと気持ちを張りつめていたら結果も出せません。メリハリをつけてリラックスすることも大切で、結婚して子どもが生まれてからは特にそう感じます。以前は、試合後もサッカーのことを考え、精神的につかれることもありました。今は家族とすごすことで、サッカーを忘れる時間もできて、気持ちを引きずらず前向きになれるので、プレーにもよい影響が出ています。ささえてくれる家族を大切にして、よいプレーをしていきたいです。

BASEBALL TEAM MANAGER

野球監督

監督に資格は
必要なの？

？

コーチとは
何がちがうの？

？

野球が
うまくないと
なれないの？

？

オフシーズンは
何をしてるの？

？

野球監督ってどんなお仕事？

野球監督は、高校や大学、実業団、プロ野球などで、野球チームを統率・指揮して、チームを勝利に導くのが仕事です。選手の技術を高めるために指導や管理をするほか、勝つための戦略を立てたりします。プロ野球監督の場合、一般的に1軍監督をさし、主な仕事には、試合の先発出場選手を決める、選手の交代を審判に告げる、審判の判定に抗議する、選手の登録・抹消、ドラフト会議での指名、などがあります。チームの指導者としてはコーチもいますが、コーチは監督の下に位置付けられ、現場で選手に専門的な指導を行うのに対して、チーム全体の方針を決めたり、試合の指揮をとるのがプロ野球監督です。メディアに対応することも多く、球団の顔となる存在です。

給与
（※目安）

40万円
くらい〜

高校や大学、実業団、プロなどで大きく異なります。プロ野球監督は年俸制で、平均年俸は6,000万〜8,000万円ほど。複数年の契約だと高額になる傾向です。

※既刊シリーズの取材・調査に基づく

野球監督になるために

ステップ 1　野球選手として活躍する

高校や大学、実業団、プロ野球などで、野球選手として活躍して実績を残す。

ステップ 2　コーチになり指導者としての経験を積む

選手としてチームで活躍したあと、コーチをつとめるなどして指導経験を積む。

ステップ 3　野球監督としてチームの指揮をとる

高校や大学、実業団、球団からオファーを受け、野球監督に就任し、チームを指揮する。

こんな人が向いている！

あいさつができる。

時間を守る。

体力がある。

人の意見をよく聞く。

運動の知識がある。

もっと知りたい

なるために必要な資格はありませんが、選手やコーチとしての実績がある人がなる場合がほとんどです。スポーツ学や心理学、体育学など、スポーツの知識を得ておくと強みになります。高校野球の監督は、学校の先生が指導することも多いです。

野球監督
藤本博史さんの仕事

三振してベンチにもどってきた選手に「次がんばれよ」と声をかけ、ヘッドコーチとこの試合の戦略を練り直します。

豊富な指導経験を活かして
チームを指揮し優勝へと導く

　藤本博史さんは、2021年秋に、プロ野球パ・リーグに所属する福岡ソフトバンクホークスの1軍監督に就任しました。それまで11年間にわたり、1、2軍の打撃コーチや、2、3軍の監督などをつとめた藤本さんの豊富な指導経験が評価されたのです。

　就任したのはその年の公式戦が終わるころで、藤本さんは1軍監督として、1軍の全体練習に合流し、宮崎県宮崎市で行われる秋季キャンプの指揮をとりまし

た。球団から藤本さんに期待されたことは、選手の世代交代です。藤本さんは秋季キャンプで取り組む課題を設定し、コーチたちと相談して、キャンプに参加する選手44人のなかに若い選手を増やしました。

　秋季キャンプは約2週間行われ、選ばれた選手たちはそれぞれの目標や課題に合わせて練習に取り組みます。藤本さんは、コーチに練習の進み具合を確認したり、強化したい選手には直接指導を行ったりしました。

　秋季キャンプでその時点での選手の力を見きわめて、体調も考慮して次の春季キャンプの参加メンバーを選びます。春季キャンプは、12球団が2月1日にいっ

せいに開始します。そして、春季キャンプでの練習の成果や選手の調子を見て、藤本さんは公式戦の開幕で1軍に登録する選手を決めていきます。1軍登録できる選手の数は、最大29人（新型コロナウイルス感染拡大防止の特例措置で現在は31人）です。そのうちの25人（同26人）までが、ベンチに入り、試合に出場することができます。

公式戦は、3月下旬から10月上旬まで143試合を戦います。藤本さんはまず、対戦するチームとどのように戦うか戦術の方針を決め、自分のチームの選手のコンディションなどを見きわめて、1軍登録した選手から先発メンバーを決めます。どの選手を起用するかが監督の腕の見せどころです。

長いシーズンの途中には、調子が悪くなったりけがをしたりする選手も出てきます。そうした選手は1軍から外し、2軍の選手を1軍に上げることになります。藤本さんは2軍の監督と毎日のように連絡を取っています。そうした時には、2軍の監督に推薦された調子のよい選手をすぐに1軍に上げ、さらに先発で起用します。1軍に上げた選手は調子のいいうちに試合を経験させる、というのが藤本さんの方針なのです。その結果、若い選手が自信をつけて成長を見せています。

試合中、得点のチャンスに代打を送ります。監督は自ら決断して選手の交代を決め、審判に交代を告げます。

試合後の会見のほか、球団の顔としてマスコミの取材に応じるのも監督の仕事です。

藤本さんの監督1年目の成績は、76勝65敗2引き分け、パ・リーグの2位でリーグ優勝をのがしました。来季へ課題が引きつがれ、新たな課題に向かってまた、秋季キャンプ、春季キャンプがスタートします。

オフシーズンは球団の顔としてさまざまなイベントに出席

プロ野球界では、試合のないオフシーズンの期間をストーブリーグともよびます。冬の寒い時期にファンがストーブを囲んで野球談義をするイメージからこの名がつきました。この期間は、選手や監督の契約更改や、移籍・加入などが行われるほか、さまざまな行事が開催されます。プロ野球12球団の代表が集まって行われるドラフト会議もその1つです。各球団がそれぞれ将来有望な選手を指名し、その選手の入団交渉権を得るもので、藤本さんはソフトバンクホークスの代表として出席し、20人の新人を指名しました。それぞれ交渉が成立して入団が決まると、入団発表の記者会見が行われます。藤本さんは、記者の質問に応じ、新人選手への期待を伝えました。

オフシーズンにはファンやスポンサーに向けたイベントも多く開催され、藤本さんは球団の顔として参加します。ファン感謝祭にも出席し、「今季のくやしさを来季につなげ、明るく、きびしく、元気に戦いたい」と、ファンに向けて来季への意気ごみを語りました。

HIROSHI'S 1DAY

藤本博史
さんの
1日

秋季キャンプの最終日、選手の練習を指導し、その成果を見守る藤本さんの1日を見てみましょう。

＊2003年から1軍のキャンプ地として使用している宮崎県宮崎市の生目の杜運動公園のなかにあるアイビースタジアムで秋季キャンプを行っています。

宮崎市内の宿舎にしているホテルから、選手たちとバスで出発します。

5:00 起床・入浴　**7:00** 朝食　**8:00** ホテルを出発

23:00 就寝　**19:30** 夕食

試合のある日のスケジュールは？

福岡県福岡市にあるソフトバンクホークスのホーム球場、PayPayドームで試合が行われる日の藤本監督の1日も見てみましょう。

時刻	内容	時刻	内容
5:00	起床・朝食・入浴	16:30	ヘッドコーチなどのコーチ陣と戦略を確認
10:30	迎えの車で球場へ出発	17:30	ベンチに入る
11:00	球場到着	18:00	試合開始
11:30	トレーナーやチームの情報分析をしているスコアラーなどとミーティング	21:00	試合終了・マスコミ対応
15:00	グラウンドで選手の練習を見る	22:00	帰宅・夕食
16:00	軽食	23:00	就寝

アイビースタジア
ムに到着。監督室
でユニフォームに
着替えます。

コーチたちと、こ
の日に行う選手た
ちの練習メニュー
を確認します。

ピッチャーの投げ
こみ練習を見たあ
と、投手たちを集
めて指導します。
守備練習でノック
も行います。

8:30
スタジアムに到着

9:00
ミーティング

9:30
午前の練習開始

12:00
昼食

18:30
ホテル到着・入浴

17:30
取材・スタジアム出発

17:00
練習終了

13:00
午後の練習開始

スポーツ新聞の取
材に応じたあと、
送迎のバスに乗り、
宿舎にもどります。

秋季キャンプの練
習をすべて終え、
選手をねぎらいま
す。最後は選手の
副キャプテンの手
拍子でしめました。

外野の守備練習で
自らノックを行っ
たあと、トスバッテ
ィングなどの打撃
練習を指導します。

藤本博史さんをもっと

野球をはじめたきっかけは何ですか？

子どものころ、家の前で父や兄とキャッチボールをはじめたのが野球との出あいです。そのあと、町内会のチームでソフトボールをやっているうちに、硬式野球をやりたいと思うようになりました。

小学5年生の時にとなり町のリトルリーグの入団テストを受けて合格し、すぐに来てほしいといわれました。そして3日後の試合にキャッチャーで出場したのですが、バッターが打ち上げたフライを落としてしまったのです。キャッチャーはやめさせられましたが、野球をおもしろいと感じるようになったのはそれからです。どこのポジションだってできると思っていたのに、キャッチャーフライが取れなかったことがくやしくて、まじめに野球に取り組もうと思いました。

プロ野球選手、そして監督になろうと思ったのはいつからですか？

中学時代は硬式の野球部がなかったので、軟式野球をやりましたが、そのころからプロをめざしていました。高校で野球部に入った時には、もうプロとして活躍できるという自信がありました。2年生の時には甲子園に出場し、準決勝まで進んだんですよ。

ドラフト会議で当時の南海ホークスに指名されて、プロとしてやっていくことになりましたが、その時は、うれしさよりも、4位指名というのがくやしかったことを覚えています。

なりたくても、オファーがなければなれない仕事ですから、プロ野球の監督になろうと思ったことは1度もありません。オファーをいただいた時にはおどろきました。不安もありましたが光栄に思い、引き受けることにしました。

仕事の楽しさややりがいを感じるのはどんな時ですか？

やっぱり試合に勝つことがうれしいし、やりがいです。でも、監督1年目のシーズンは、1敗のくやしさのほうが大きかったですね。特にシーズン最後の2試合は、自分の野球人生のなかで、最もくやしかった経験です。引き分けでも優勝というところまできていたのに、2つ負けてしまったわけですから、あのくやしさは生涯で1度しかないのではと思うほどです。1勝、1勝を積み重ねて、チームを優勝に導くことが監督として最高の喜びだと思います。

野球監督の仕事にはどんな苦労がありますか？

先発メンバーから選手を外さなければならない時は苦労しますね。特に中堅やベテラン選手の場合は、選手の気持ちを思うと大変です。外そうと決めた選手に

知りたい

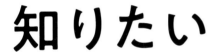

はしっかり言葉をかけて、わたしの考えを伝えるようにしました。コーチの経験も積んで、身近に選手を見てきたので、選手の気持ちがよく理解できるのです。

> 仕事をするうえで、どのようなことを心がけていますか？

選手に寄りそっていくということを心がけています。選手の意見もしっかり聞いて、自分勝手にならないようにしています。シーズン中は監督室を開放し、選手にはいつでも来るように伝えたので、わたしの采配に疑問をもった主力選手が何度も監督室に来ました。そういう時は理由を説明して、納得してもらいます。翌日からまた、気持ちよくプレーをしてほしいですから。

ケンタからの質問

> 試合で選手がミスをしたら選手をしかるの？

選手をミスでしかることは絶対にしません。たとえば、打者がサインを見落としたため、走者がアウトになってしまった時でも、打者ではなくコーチをしかります。わたしがしかるのは、選手がくやしさのあまり、ものに当たったりするような態度を取った時です。特に仕事道具のヘルメットをたたきつける、バットを折るといった行為をしたらしかります。危険だし、プロの選手として人前ではやってほしくないからです。

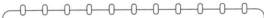

わたしの仕事道具

手帳

手帳は2冊もち歩き、1冊はその日の試合のスコアとよかった点や反省点を書き、もう1冊は、対戦相手の勝敗や敗因、投手の投球内容などを書きます。次の試合のシミュレーションに使ったり、キャンプの課題を考える時の資料にしています。

みなさんへのメッセージ

チームでも徹底していますが、あいさつをきちんとすることは大事です。あいさつをきちんとするのは気持ちよく、先輩からも好かれていろいろ教えてもらえます。みなさんもあいさつを心がけてください。

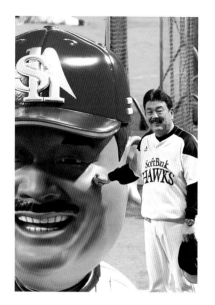

プロフィール

1963年、大阪府生まれ。小学5年生から野球をはじめ、1982年に天理高校からドラフト4位で南海ホークスに入団、強打の内野手として活躍しました。1998年に現役を引退、2011年から福岡ソフトバンクホークスの打撃コーチ、3軍、2軍監督を歴任し、2022年より1軍監督。

福岡ダイエーホークス（現在の福岡ソフトバンクホークス）で3塁手として活躍。シーズン途中でオリックスへ移籍し、現役を引退する。

テレビ局の野球解説者、スポーツ紙の野球評論家をつとめる。一方で、福岡市で居酒屋を経営する。

福岡ソフトバンクホークス1軍監督に就任し、チームを率いて1年目はパ・リーグ2位の成績をおさめる。来季はリーグ優勝、日本一をうばい返すつもりでがんばっている。

藤本博史さんの今までとこれから

1963年誕生

11歳

地元のリトルリーグに入団し、野球のおもしろさを知って、本気で野球に取り組むようになる。

15歳

天理高校に入学し、野球部に入る。2年生の時、3塁手、4番打者で全国高等学校野球選手権大会に出場し、準決勝まで進む。

18歳

プロ野球ドラフト会議で当時の南海ホークス（現在の福岡ソフトバンクホークス）から4位指名され、翌年入団する。

35歳

36歳

福岡ソフトバンクホークスの打撃コーチに就任。その後、3軍監督、さらに2軍監督に就任する。

今につながる転機

48歳

現在

59歳

どんな形でもよいので野球にかかわっていけたらうれしい。監督として結果を残せたら、少しのんびりすごしたいとも思っている。

未来

70歳

藤本博史さんがくらしのなかで大切に思うこと

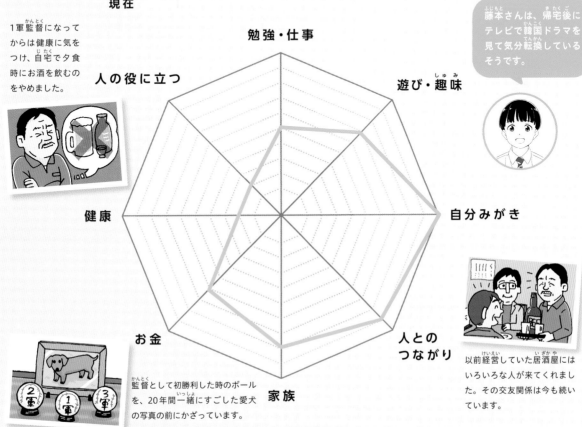

中学１年のころ
現在

勉強・仕事

遊び・趣味

人の役に立つ

1軍監督になってからは健康に気をつけ、自宅で夕食時にお酒を飲むのをやめました。

藤本さんは、帰宅後にテレビで韓国ドラマを見て気分転換しているそうです。

健康

自分みがき

お金

人とのつながり

家族

監督として初勝利した時のボールを、20年間一緒にすごした愛犬の写真の前にかざっています。

以前経営していた居酒屋にはいろいろな人が来てくれました。その交友関係は今も続いています。

・・・・・・・・・ 藤本博史さんが考えていること ・・・・・・・・・

次こそ優勝を手にするために
自分にも選手にもきびしく

　今一番に考えているのは、やはり仕事のことです。目の前にあったリーグ優勝を、あと少しのところでのがしたくやしさは生涯忘れることはないでしょう。このくやしさを晴らすために、来シーズンをどう戦うか、頭のなかはそのことでいっぱいです。

　来シーズンは、よりきびしさをもとめていきます。

　今年は「レギュラー3、4名は決めて、あとは競争」といってきましたが、来シーズンは全員横一線で競争し、勝ち上がってきた選手をレギュラーにすると話しています。そのためにはオフのすごし方が大事。課題はすべて各選手に与えてあります。

　球団も補強に力を入れてくれ、新戦力も加わって、わたしにかかるプレッシャーも大きいです。応援してくれるファンのためにも、「優勝しかない」それくらいの気持ちでやらなければと思っています。

ESPORTS TEAM MANAGEMENT

eスポーツチーム
運営
うんえい

eスポーツ
って何？

？

チーム運営って
うんえい
何をするの？

？

ゲームが
好きなら
なれるの？

？

どうやって
収入を
しゅうにゅう
得ているの？
え

？

MIRAI ZUKAN 01

MIRAI ZUKAN 02

MIRAI ZUKAN 03

MIRAI ZUKAN 04

+

eスポーツチーム運営って
どんなお仕事？

コンピューターゲームやビデオゲームを使って対戦するスポーツ競技「eスポーツ」は、競技大会を運営する企業と大会に参加する選手、資金を提供するスポンサー企業、そして観客によって成り立っています。eスポーツチーム運営の仕事は、大会の企画を立てたり、スポンサー企業から資金をつのったりと多岐にわたります。

また、eスポーツにも、プロ選手が所属するチームがあり、選手を集めて育成やマネジメントを行うなど、チームの運営をするのもeスポーツチーム運営の仕事です。スポンサー企業がチーム運営をすることもありますが、プロゲーマーが自ら会社を立ち上げ、選手を雇用しチーム運営をすることもあります。

給与
（※目安）

16万円
くらい〜

所属する会社や経験、役職などによって、支払われる給与は異なります。大規模な大会の運営責任者になれば、年収1,000万円を超える場合もあります。

※既刊シリーズの取材・調査に基づく

eスポーツチームを
運営するために

ステップ 1
eスポーツ大会に
参加する
ゲームの練習を積んで、さまざまな大会に参加。大会やチームの運営を学ぶ。

ステップ 2
eスポーツ専門の
イベント会社に就職
eスポーツのイベント企画会社や運営会社などで、イベントや大会の運営にたずさわる。

ステップ 3
企画から運営まで行う
責任者として、スポンサーとなる企業をつのり、大会運営や選手のマネジメントを行う。

こんな人が向いている！

ゲームが好き。

体力がある。

気配りができ対応力がある。

人とコミュニケーション
を取る力がある。

もっと知りたい

eスポーツの大会は世界中で開催されています。オンライン配信も多いので、パソコンやネット配信に関するスキルがあると有利です。また、観客は日本人だけとは限らないので、大きな大会を運営していくには語学力も欠かせません。

会社のスタジオで、チームの所属選手が行うゲームのライブ配信画面をチェックしています。

選手が練習に専念できるように
チームの環境を整える

　チョコブランカさんは、日本初の女性プロゲーマーとして活躍するかたわら、同じくプロゲーマーである夫のももち（百地祐輔）さんと、eスポーツを広める会社を設立し、現在はeスポーツチーム運営を中心に活動しています。

　チョコブランカさんの役割は、大きく分けて所属するチームの運営と大会運営です。一方、社長のももちさんは、チームの選手たちの技術面をサポートして

いて、夫婦で役割分担をして事業に取り組んでいます。会社に所属するチームには、チョコブランカさんたちを含む総勢13名の、格闘ゲームやパズルゲームに強いプロゲーマーが所属しています。個人で活動するプロゲーマーもいますが、チームに所属することでマネジメントを会社にまかせ、日々トレーニングに打ちこむことができるというメリットがあります。また、チョコブランカさんたちは、世界大会で優勝経験のあるももちさんの指導のもと、プロゲーマーをめざす若手の育成にも力を入れています。

　チーム運営でのチョコブランカさんの仕事は、選手

たちのスケジュール管理を行い、技術が向上するようにゲーム機材を提供するなどして、選手たちの環境を整えることです。大規模な大会は海外で開催されることもあり、航空券や宿泊場所の手配をするなど、選手たちの活動をサポートしています。

選手たちの知名度を上げるプロモーション活動も、チーム運営の大事な仕事です。選手によって、攻撃を得意とする人、忍耐強く相手の攻撃をかわし反撃を仕掛ける人など、スタイルはさまざまです。選手の個性を伝えるライブ配信や、ちがうゲームをする選手たちが共演するウェブ番組を制作して新しい一面を見せるなど、選手の特徴を活かしたプロモーションを心がけて、選手たちのファンを増やすことに貢献しています。

また、運営には、スポンサー企業が必要です。チームを支援してくれるスポンサー企業をさがすことも、チョコブランカさんの大切な仕事です。スポンサーになってくれそうな企業に足を運び、チームの選手や競技の魅力を伝えるなどして営業します。近年は、eスポーツの人気の高まりから、ゲームとは関連のない企業もスポンサーにつくようになりました。チョコブランカさんのチームにもさまざまなスポンサー企業がつき、資金をサポートしてもらう代わりに、選手たちがその企業の商品を宣伝したり、共同でゲーマー向けの商品開発を行ったりしているのです。

ヘッドセット（マイクつきのヘッドホン）をつけてもかけやすい眼鏡（ゲーミンググラス）を、スポンサー企業と共同開発しています。

eスポーツ大会の準備のため、大会の画面でうつし出されるトーナメント表をつくります。

ゲーム業界の未来を考えて
eスポーツ大会を運営する

eスポーツ大会の運営は、大会を開きたいと考える自治体や企業から依頼を受けて行います。大会は、小さなものから、地方で予選大会を開いたあとで全国大会を開催する大がかりなものまでさまざまです。参加する人もプロゲーマーからアマチュアのゲーマーまで幅があります。依頼された大会の規模に合わせて、どんなゲームタイトルの大会にするのかなど企画を立て、打ち合わせを重ねて内容を決めていきます。

大会の内容が固まると、次は大会の準備です。大会を開くのに必要な人数のスタッフを集めたり、ゲーム機材やカメラ機材を準備したりします。ほかにも、受付の準備やトーナメント表づくりなど、大会前日までにやることがたくさんあります。

大会当日は、全国からゲーマーが集まりにぎわいを見せます。大会はゲームで競うだけでなく、ゲーマー同士の交流の場でもあります。最近は、ゲーマー同士が気軽に顔を合わせて競う場が減ってきました。チョコブランカさんは、ゲームセンターで行う大会など、ゲーマーが集まる場を積極的につくり、ゲーム業界の未来を考えて大会運営をしているのです。

チョコブランカ さんの 1日

eスポーツチーム運営やプロゲーマーとして活動するチョコブランカさんの1日を見てみましょう。

起きて朝食をとったら、片づけなど家事をすませます。

ゲームイベントを一緒に企画している企業にメールを送ります。

8:00
起床・朝食

9:00
メールチェック

24:00
入浴・就寝

21:30
ゲーム配信

19:00
退社・夕飯

プロゲーマーとして、格闘ゲームのライブ配信を行い、実況もします。続けてカーレースゲームのライブ配信もしました。

21:30

チームに所属する選手のメディア出演の依頼を受けて、事前に打ち合わせを行います。

メールをチェックしたり、予定している大会のトーナメント表を作成したり、事務作業をします。

午後からスポンサー企業と打ち合わせがあるので、昼食を簡単にすませて、外出します。

スポンサー企業との打ち合わせで、共同開発したゲーミンググラスのつけ心地や広告を確認します。

10:00 オンライン打ち合わせ

11:00 事務作業

12:00 昼食・外出

13:00 企業と打ち合わせ

18:30 選手のライブ配信

16:00 スタッフと打ち合わせ

15:00 選手と打ち合わせ

14:30 出社

選手が行うゲームのライブ配信の準備に立ちあい、配信の様子を見守ります。

スポンサー企業と打ち合わせた内容を共有し、次のイベント準備の進行を確認します。

選手のスケジュールを確認し、困っていることはないかなど聞いて、サポートします。

出社します。会社にはゲーム番組の収録やライブ配信の設備をそろえたスタジオがあります。

INTERVIEW （インタビュー）

チョコブランカさん **をもっと**

プロゲーマーとなり、eスポーツチーム運営をはじめたきっかけは？

　プロゲーマーは、自分からなろうと思ってなったわけではありません。プロゲーマーになったのは、アメリカのチームから、夫のももちとわたしに声がかかったのがきっかけです。当時は、まだ結婚していませんでしたが、夫をプロゲーマーにしたいと応援していました。夫は強いのでプロになると思っていました。でもわたしは強くなかったので、プロになれるとは思ってなかったのです。それでも「あなたにしかできないことがある」と説得され、プロゲーマーになりました。

　いざプロになってみると、プロ契約は1年ごとの更新。いつクビになるのか不安でした。そこで、今後の人生を考えた時に、個人で運営していた大会をビジネスにしようと、夫と会社を立ち上げました。

eスポーツチーム運営のためにやっておいたほうがいいことは？

　eスポーツチーム運営では、エクセルやパワーポイントなどの事務系のソフトをよく使うので、使い方を身につけておくといいです。またゲームの大会はゲームタイトルごとに開催されるので、いろいろなゲームタイトルを知っておくことも必要です。選手の考えや気持ちを理解できるように、ゲーマーとして大会に参加しておくといいですね。大会を肌で感じて、そのルールや演出方法を学んで、運営に活かしてほしいです。

今までに苦労したことは何ですか？

　プロゲーマーになりたてのころは、まだ日本にeスポーツが広まっておらず、すべてを自分でしなくてはいけなかったので大変でした。請求書をつくったり、税金を払ったり、事務的な作業も自分で行います。だれも教えてくれなかったので、何もかも手さぐりです。

　しかし、その経験が今のeスポーツチーム運営に活きています。これからプロゲーマー、eスポーツチーム運営をめざす人は、いろいろな経験を積んで、社会常識を身につけておくといいと思います。

eスポーツの大会運営をしていて一番うれしい瞬間は？

　大会に参加したゲーマーから「大会があってよかった」と言ってもらえる時が一番うれしいですね。ゲーマーたちは、大会に参加して勝つことを目標に、日々トレーニングをしていますし、大会でしか味わえない雰囲気を心待ちにしています。大会運営はやることが多くて大変なのですが、参加者から「楽しかった。また来年もやってほしい」と言ってもらえると、それまでの苦労が報われて、大会運営をやってよかったなと思えます。

知りたい

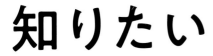

> ゲームの魅力はどんなところに
> ありますか？

　ゲームを通じた人と人とのつながりに魅力を感じています。小さいころは、弟とゲームで遊ぶのが好きでしたし、夫との出あいもゲームセンターです。友だちも会社のスタッフも、わたしのまわりにいるのはみんなゲームが好きな人ばかりです。

　わたしは自分が楽しいと思えるゲームを、だれかと共有することが好きなんだと思います。大会運営も、ゲームを通じて人と人とがつながる居場所をつくりたくてやっています。

ケンタからの質問

> どうやったらゲームの腕が
> 上達しますか？

　決められた時間内でどう上達するかを考えてゲームをするとうまくなれますよ。わたしのチームには現役中学生の選手がいますが、彼女は受験生です。ゲームをするのもせいぜい1日1時間くらい。長くても2時間です。それでも強くなっているので、ゲームは長くやり続ければ、強くなるわけではありません。自分の得意技をみがいたり、弱点を克服したり、効率よく上達する方法を考えてやるとうまくなっていきますよ。

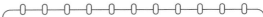

わたしの仕事道具

アーケード
コントローラー

　格闘ゲームのプロゲーマーにとって命の次に大切なのが、アーケードコントローラーです。選手たちはスポンサー企業から支給されたコントローラーを、自分好みに改造します。わたしはボタンとレバーを交換して愛用しています。

みなさんへの
メッセージ

　ゲームをただ遊ぶだけでなく、どうやったらうまくなれるか、強くなれるかを追求していくと、ゲームで学んだことを生活や勉強に活かせます。ぜひゲームでの学びを自分の成長につなげてください。

チョコブランカさんの今までとこれから

プロフィール

1986年、兵庫県出身。本名は百地裕子。2010年に格闘ゲームで最強といわれたプロゲーマーをたおして国内外から注目をあび、翌年アメリカのチームとプロ契約を結びました。2015年に夫婦で株式会社忍ismを設立。現役プロゲーマー兼会社の取締役としてeスポーツを広める事業に取り組んでいます。

1986年誕生

2歳

ゲームセンターで格闘ゲームと出あい、のめりこむ。車が好きで、自動車販売会社に就職するが、ゲームをする時間が足りず1年で辞める。

ピアノを習いはじめる。ピアノの先生にあこがれ、幼稚園の時は、ピアノの先生になりたいと思っていた。

13歳

中学で陸上部に入り、部活動にのめりこむ。高校ではやり投げにはまる。

18歳

体育系の大学に進学し、スポーツ科学と体育教師の課程を取ったが、将来何になりたいかわからなかった。

22歳

23歳

ゲームセンターでゲーム大会を企画し、開催するようになる。夫のももちと知り合ったのもこのころ。

今につながる転機

夫とともに、アメリカのプロチームからスカウトされ、プロゲーマーになる。

25歳

夫と株式会社忍ismを設立。若手のプロゲーマーを育てるため、3年後にプロゲームチームを立ち上げる。

29歳

現在

36歳

プロゲーマーを続けながら、大会運営やチーム運営、会社経営も手がけるいそがしい日々をすごす。

未来

45歳

チームで育成中の選手たちが世界にはばたき、活躍できるようになってほしい。

チョコブランカさんがくらしのなかで大切に思うこと

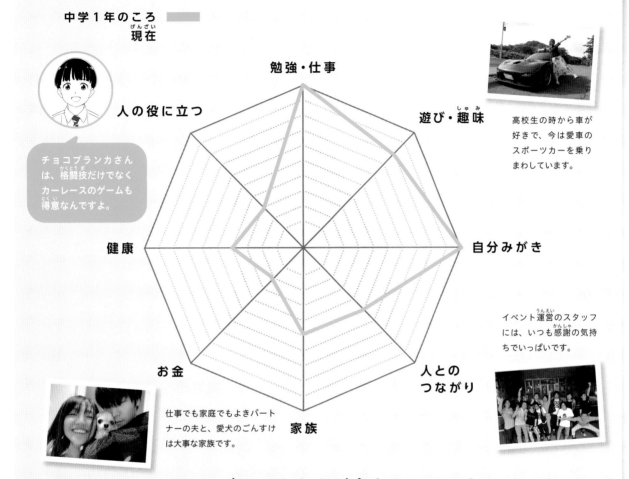

中学1年のころ ▨
現在（げんざい）

勉強・仕事
遊び・趣味（しゅみ）
自分みがき
人とのつながり
家族
お金
健康
人の役に立つ

チョコブランカさんは、格闘技（かくとうぎ）だけでなくカーレースのゲームも得意（とくい）なんですよ。

高校生の時から車が好きで、今は愛車のスポーツカーを乗りまわしています。

イベント運営（うんえい）のスタッフには、いつも感謝（かんしゃ）の気持ちでいっぱいです。

仕事でも家庭でもよきパートナーの夫と、愛犬のごんすけは大事な家族です。

·········· チョコブランカさんが考えていること ··················

今のわたしをつくってくれたゲーム業界に恩返し（おんがえし）をしたい

ゲームといってもジャンルはさまざまです。武器（ぶき）で敵（てき）をたおすシューティングゲームやパズルゲームなどがあり、それぞれのジャンルで盛り上がりを見（も）せています。そのなかでも、わたしは格闘ゲーマー（かくとう）です。『ストリートファイター』のキャラクター「ブランカ」に出あっていなかったら、今のわたしはい

ません。格闘（かくとう）ゲームは高度な技術（ぎじゅつ）が必要なので、ほかのジャンルにくらべて若手（わかて）のプロゲーマーが育っていません。そのため、会社では若手を選抜（せんばつ）してチームに入れ、一緒（いっしょ）に海外大会に行ったり、技術やメンタル面を指導（しどう）したり、育成にはげんでいます。
今後は、家族が大会に足を運んで、わが子の対戦を応援（おうえん）できるようなゲーム文化を築（きず）きたいと思っています。そして格闘（かくとう）ゲームに限らずに、ゲーム業界を盛り上げて恩返し（おんがえし）をしていきたいです。

スポーツ
ジャーナリスト

どうやって
記事をつくるの？

文章や写真の
技術が必要？

取材する
スポーツを
選べるの？

スポーツが
できたほうが
いいの？

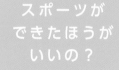

スポーツジャーナリストって どんなお仕事？

スポーツジャーナリストは、自分が専門とするスポーツについて、文章を書いたり写真を撮影したりして、テレビやラジオ、新聞や雑誌、インターネットなどのメディアで情報を発信する仕事です。わかりやすさや正確さだけでなく、独自の視点で競技のおもしろさや選手の魅力を伝えます。そのためにスポーツの専門知識を身につけたり、情報やデータの分析をしたりすることはもちろん、選手やチーム、関係者との信頼関係や、試合や大会が行われる場所に足を運ぶフットワークの軽さももとめられます。新聞社や出版社のスポーツ専門の記者やカメラマンのほか、独立して活躍する人などさまざまで、競技の経験者が引退後にスポーツジャーナリストになることも多いです。

給与
（※目安）

20万円
くらい～

大手の出版社などの社員は、収入が高い傾向です。会社に所属しない場合は、経験や実力により差があります。有名になるほど仕事が増え、収入も高くなります。

※既刊シリーズの取材・調査に基づく

スポーツ （ジャーナリストに） なるために

ステップ① スポーツに親しむ

中学や高校、専門学校や大学などで、好きなスポーツについて技術や知識を身につける。

ステップ② 新聞社や出版社などで スポーツにたずさわる

新聞社や出版社に入社し、スポーツの取材や執筆ができる部署ではたらき、経験を積む。

ステップ③ スポーツジャーナリスト として活躍

自分の強みを活かして、さまざまなメディアで多くの人にスポーツの魅力を伝える。

こんな人が向いている！

好きなスポーツがある。

好きなことを追求したい。

人とかかわるのが好き。

文章を書くのが得意。

自分の考えをもっている。

もっと知りたい

学歴や資格は必要ありません。スポーツの専門知識を学べる大学や専門学校は数多くあり、取材する競技を経験していると、選手の気持ちや考えが理解しやすく有利です。自ら写真を撮る場合は、スポーツ写真を撮る知識や技術を身につけます。

スケートボードの日本選手権で活躍した草木ひなの選手、永原悠路選手に取材。意気ごみや目標などを聞きます。

スケートボードの世界に
深く入りこんで記事をつくる

　吉田さんは、主にスケートボードを専門に取材し、写真を撮り、記事の原稿を書くフリーのプロカメラマンでスポーツジャーナリストです。

　吉田さんは、高校時代からスケートボードと写真に親しみ、独立する前は出版社でスケートボード専門雑誌のカメラマン、ライター、編集者として約7年間はたらいていました。そのためスケートボードの専門知識が豊富なだけでなく、選手や関係者に知り合いが多

く、吉田さんしか知ることのできない新しい情報がたくさんあることが大きな強みです。また、プロカメラマンとして、スケートボードをはじめ、多くのフィールドで活躍しています。

　吉田さんが取材した写真や記事は、主にスポーツ雑誌やウェブ版のニュースサイト、ブランド広告に掲載されています。出版社などからの「こんな記事を書いてほしい」という依頼に応えることもあれば、「この内容で記事を書いたら、多くの人に読まれるだろう」と自ら企画して、出版社に提案することもあります。吉田さんが記事を書く時は、スケーター（スケートボ

ードをする人）への愛情や敬意を一番大切にしながら、その人のルーツや今後の課題、方向性なども加えて、より深みのある記事にしていきます。また、記事に合わせて写真を撮りに行ったり、過去に撮ったものから選んだりして記事をつくります。

　また、吉田さんは日本スケートボード協会のオフィシャルカメラマンもつとめていて、協会やメディアから依頼を受けて大きな大会やイベントの撮影に行きます。大会の記録として数千枚もの写真を撮り、数時間以内にデータを納品します。それと同時に、大会のレポート記事も書くことが多いので、とてもいそがしくなります。普段から選手と交流があるので、会場での選手の詳しい様子や、うら話なども記事に盛りこむことができるのが吉田さんの強みです。

　時間が空いた時は気になるスケートボードの施設やイベント、愛好家が集まるスケートパークなどにもこまめに足を運び、自身も楽しく滑りながら情報収集を心がけています。こうして集めた情報が、次に書く記事のネタになっていきます。

スケートボードの未来に
自分の発信を通じて貢献したい

　スケートボードは2016年にオリンピックの競技と

東京都目黒区の社会教育講座で「スケートボードの魅力と今後どうなっていくか？」をテーマに講演しました。

して正式に追加種目に決定され、2021年の東京オリンピックでは多くの選手が活躍しました。それとともに社会のスケートボードへの興味や関心が高まっています。しかし、スケーターに対して悪い印象をもつ人も少なくないといいます。吉田さんはスケートボード業界と、一般社会のスケートボードをよく知らない人たちの間に立ち、おたがいが理解し合えるような情報を発信することで、橋渡しをしたいと思っています。

　東京オリンピック以降は、講演会やラジオなどでスケートボードのプロカメラマン、ジャーナリストとして話をする機会が増えています。また、スケートボード施設をまちづくりに取り入れようとしている自治体を取材して多くの人に広めたり、自治体にアドバイスをしたりすることもあります。

　そのほか、スケートボードの芸術的な魅力を広めるため、特にストリートで滑る姿をアート作品として撮影することもあります。これは大会などで競技として撮る写真とはちがい、日が差す時間帯や季節、照明、カメラのレンズなど機材を工夫して撮影します。スケーターともよく話し合い、かっこよく見える滑り方やスタイルなどを相談し、よりよい写真を追求します。こうして撮りためた作品は、出版社やウェブサイト運営会社などのメディアに提供しながら、自らのSNSを通じても発信しています。

2022年11月に行われた日本選手権ではオフィシャルカメラマンとして、選手たちの活躍の瞬間を撮影しました。

©WATARU SHOJI

吉田佳央さんの1日

スケーターの練習を取材し、撮影する吉田さんの1日を見てみましょう。

子どもにごはんを食べさせたら、保育園まで送っていきます。

7:30
起床・朝食

8:30
子どもを送る

24:00
就寝

22:00
写真編集

21:00
帰宅・入浴

取材で撮影した写真を編集し、撮影させてもらったスケーターや関係者に送ってチェックしてもらいます。

22:00

13:00　14:00　14:15

自宅でメールチェックや、請求書などの書類作成をします。写真の画像調整をすることもあります。

取材に使う撮影機材を準備し、スケートパークに車で向かいます。途中のサービスエリアで昼食をとります。

スケートパークに着いたら、施設のスタッフにあいさつして、撮影の準備をはじめます。

取材するスケーターに、パーク内をどう滑るか確認して、機材や撮影位置を調整します。

9:00
仕事開始

11:00
出発・昼食

13:00
到着・撮影準備

14:00
打ち合わせ

18:00
情報交換・夕食

17:00
取材終了

16:00
取材

14:15
撮影開始

パークの関係者やその場にいるさまざまな選手と情報交換をします。時間があれば一緒に食事をすることもあります。

取材後に、時間がある時には、自分でもスケートボードをします。

撮影後はリラックスした雰囲気のなかで、近況や今後の目標などについて取材をします。

スケーターが納得できる滑りをする様子を撮影するために、相談しながらベストな1枚を追求します。

17:00　16:00

INTERVIEW （インタビュー）

吉田佳央さんをもっと

スポーツジャーナリストに
なろうと思ったきっかけは？

　最初からスポーツジャーナリストになりたいと思っていたわけではなく、高校生の時から夢中になっていたスケートボードと写真にずっとかかわっていくための方法をさぐるうちに、この仕事にたどりついたのです。大学卒業後にお金をためて、スケートボードの写真を撮るために機材からそろえはじめ、写真スタジオで学びました。その後、就職した出版社ではスケートボードの専門雑誌にたずさわり、文章の書き方や編集の方法なども学び、業界に人脈もできました。その雑誌はなくなってしまいましたが、これからもより多くの人にスケートボードを広めていきたいと考え、プロカメラマン・ジャーナリストとして独立しました。

この仕事のやりがいやおもしろさを
どんな時に感じますか？

　自分の記事をきっかけに世の中が動いたと感じる時にとてもやりがいを感じます。たとえば、10年以上前に雑誌でスケートパークの特集を企画したのですが、その記事に興味をもった富山市のアクティブスポーツ協会の方が自治体によびかけ、実際にスケートパークの設立につながりました。そして幼いころからそのパークを利用していた選手のなかから、東京オリンピックのメダリストも生まれています。直接かかわったわ

けではありませんが、こうしたきっかけづくりができることがとてもうれしいです。

仕事をしていて苦労すること、
大変なことはありますか？

　フリーで仕事をしているので休みは不規則ですし、コンテストやイベントなどはたいてい週末にあります。スケジュールが立てにくく、妻には子どもをまかせきりにしてしまうなど、いろいろ負担をかけています。そんななかでも、理解して支えてくれる家族にとても感謝しています。シーズンオフの時期には、なるべく家族旅行などを楽しむようにしています。

仕事で心がけていることは
どんなことですか？

　スケートボードは試合に勝つことだけが目的のスポーツではなく、独自の文化があります。ファッションや音楽、アートなどと強く結びついているのはもちろんですが、仲間とのつながりを大切にし、ともに高め合うことが大切なのです。人と競争するよりも、それぞれが自分の目標を達成する「自分超え」を楽しみ、達成できた時はみんなでたたえ合います。わたしはそんなスケートボードの魅力にひかれ、これまでずっと追い続けてきました。多くの人にそれを伝えられるように今後も情報を発信していきたいです。

知りたい

印象に残っているのは
どんなことですか？

わたしは多くの選手を子どものころから追いかけ、たくさんの写真を撮ってきました。最近はスケートボードに世間の注目が集まり、活躍する選手も増えているため、メディアなどから選手の過去の写真をもとめられる機会も増えてきました。東京オリンピックで金メダリストになった堀米雄斗選手がよい例です。わたしも10年以上前に撮影していた当時は、まさかスケートボードがオリンピック競技になって、彼がここまで有名になるとは思いもしませんでした。大切にとっておいた写真が時を経て多くの人にとってもお宝に変わる、そんなところもこの仕事の大きな楽しみです。

ケンタからの質問

**自分でもスポーツが
できたほうがいいの？**

スポーツジャーナリストのなかには、運動が苦手で、専門とするスポーツの経験がない人もいます。でもわたしは自分がやっている分、スケートボードのむずかしさをよく理解しているので、選手の気持ちがわかることが強みになっています。今まで数多くのトッププロスケーターを撮影してきた経験から、写真を撮る時に具体的なアドバイスができることも、選手とより親しくなって信頼関係が生まれるきっかけになります。

わたしの仕事道具

フィッシュアイ

取材には必ず愛用のNikonのカメラと機材をもっていきます。撮影では、空間をゆがませて、より高く飛んでいるように見せる効果のある「フィッシュアイ（魚眼）」レンズを取りつけ、迫力を出す方法が定番の1つです。

フィッシュアイをつけて撮った写真

みなさんへの
メッセージ

仕事で大失敗をしたことも多々ありますが「好き」を原動力に続けてこられました。みなさんも人生をかけられるほど好きなものに出あったら、大失敗をしても絶対にやめないでください。「継続は力なり」です。

吉田佳央さんの今までとこれから

プロフィール

1982年、静岡県生まれ。高校生のころに写真とスケートボードに出あいました。大学を卒業して写真スタジオではたらいたあと、出版社に入社しました。スケートボード専門誌「TRANSWORLD SKATEboarding JAPAN」で約7年間、カメラマン、ライター、編集をこなし、2017年に独立。

1982年誕生

16歳

高校では写真部に所属。友だちを通じてスケートボードに出あい、大学を卒業するまではスケートボードに夢中の日々をすごす。

今につながる転機

23歳

交通事故で足を骨折したのをきっかけに、もう1度写真を学び直し、仕事にしようという気持ちがめばえ、カメラの機材を買いかえる。

写真スタジオではたらき、機材の使い方を覚える。

26歳

27歳

スケートボード雑誌を出す出版社に就職。カメラマン、ライター、編集をこなす。業界の知り合いが増える。

雑誌が休刊になる。この年に、スケートボードがオリンピックの追加種目に決定した。

33歳

34歳

カメラマン・スポーツジャーナリストとして独立。さまざまな出版社などに営業をする。

東京オリンピックで若いスケーターが大活躍。吉田さんの記事も多くの人に読まれる。

38歳

現在

40歳

写真を撮って記事を書く以外にも、ラジオ出演や講演などの依頼が増え、仕事の幅が広がる。

未来

45歳

2028年にスケートボードの本場、アメリカ・ロサンゼルスで開催されるオリンピックで、取材や撮影をして選手たちの活躍を伝えたい。

吉田佳央さんがくらしのなかで大切に思うこと

中学1年のころ
現在

自由な時間にはスケート
ボードをします。健康の
ためにもなります。

勉強・仕事

人の役に立つ

遊び・趣味

フリーの場合、自分を
どう見せるかという
「ブランディング」も
大切だそうです。

健康

自分みがき

お金

人との
つながり

家族

日本スケートボード協会の
みなさんとは、長年チーム
で活動しています。

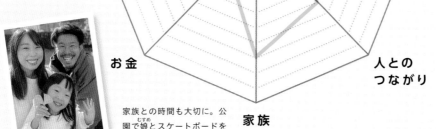

家族との時間も大切に。公
園で娘とスケートボードを
楽しむことも。

吉田佳央さんが考えていること

スケーターと社会をつなぐ
架け橋となって貢献したい

スケートボードはもともとストリートで生まれた文化です。今はオリンピック競技になってスポーツの側面が生まれ、以前より「認知」はされてきましたが、「理解」されているとはいえません。今も「スケーター＝街を荒らしたり、こわしたりする存在」という偏見をもつ人や、音が出ないように街中を滑って移動していても注意してくる人がいます。

わたしはスケートボードに関する自治体の取り組みを国内外で取材してきた経験もあり、今は都市計画の一環としてスケートボードを取り入れるところも出てきています。今後はスケーターと自治体、社会全体の間に立って、両方をつなげていく存在になりたいです。そして、おたがいが納得できる着地点をさがす役割を果たして、スケートボードの世界に貢献していきたいと思います。

ジブン未来図鑑 番外編

スポーツが好き！
な人にオススメの仕事

この本で紹介した、サッカー選手、野球監督、eスポーツチーム運営、スポーツジャーナリスト以外にも、「スポーツが好き！」な人たちにオススメの仕事はたくさんあります。ここでは番外編として、関連のある仕事をさらに紹介していきます。

▶ 職場体験完全ガイド ⑤ p.3 とあったら
「職場体験完全ガイド」（全75巻）シリーズの5巻3ページに、その仕事のくわしい説明があります。学校や図書館にシリーズがあれば、ぜひチェックしてみてください。

レフェリー（審判員）

（ こんな人が向いている！ ）
・ものを暗記するのが得意
・いつも冷静な判断ができる
・体力に自信がある

（ こんな仕事 ）
スポーツの試合中に各競技のルールにしたがって判定を下し、スポーツの試合を進行します。野球やサッカーなど、多くのスポーツになくてはならない存在です。競技のルールは変更されることもあるので、その時々によく理解しておくことはもちろん、試合中に動き回ることもあるため、体力が必要です。

（ レフェリー（審判員）になるには ）
基本的には、各競技連盟（協会）が設けた資格を得て審判になります。現在、審判の収入だけで生活できる競技は、プロ野球、サッカーなど一部の競技に限られています。ほかの仕事とのかけもちや、ボランティアなどの形で審判をする人も多いです。

コーチ

（ こんな人が向いている！ ）
・人のよいところを見つけるのが得意
・人から相談を受けることが多い
・わかりやすく伝えるのが得意

（ こんな仕事 ）
スポーツチームや選手を指導・育成し、よい成績を残せるように指導する仕事です。勝つためには何が必要か分析し、選手やチームの適性や能力を把握した上で、練習メニューを考えます。また、競技によってはほかのチームの状況を分析したり、監督が戦略を考える際にサポートを行ったりします。

（ コーチになるには ）
自らがそのスポーツの現役選手として活動して、引退後にコーチとなる場合がほとんどです。まず、そのスポーツの練習をして、選手としての経験を積みましょう。サッカーなど、競技によっては各競技連盟（協会）のライセンスが必要な場合もあります。

体育教師

（こんな人が向いている！）
・体を動かすのが得意
・子どもと触れ合うことが好き
・スポーツの楽しさを伝えたい

（こんな仕事）
　中学校、高校などでスポーツの実技指導を行う仕事です。実技指導や教科書を用いた授業を通じて、子どもたちの健康な体をつくり、心身の健康を管理する方法を教えます。運動、身体の仕組み、心の健康、緊急時の応急処置などについての知識がもとめられます。また、クラス担任や部活動の顧問などの仕事をもとめられることもあります。

（体育教師になるには）
　保健体育教諭育成課程のある大学や短大などを卒業して教員免許を取得することが必要です。そのうえで公立学校や私立学校の教員採用試験に合格して、教員として採用されます。

スポーツトレーナー

（こんな人が向いている！）
・スポーツの経験がある
・相手の気持ちに寄りそうことができる
・人から信頼されることが多い

（こんな仕事）
　スポーツ選手が試合で最高の能力を発揮できるよう指導を行います。運動能力を高めるための基礎トレーニング指導をはじめ、競技や練習中のけがの応急処置、リハビリテーションのサポート、試合に向けた心身の調整の指導など、多くの役割がもとめられます。また、スポーツジムなどで、一般の人に運動の指導をするトレーナーもいます。

（スポーツトレーナーになるには）
　スポーツや健康などについて学ぶ課程のある大学や専門学校を卒業するとよいでしょう。プロのスポーツチームや個人の選手と契約したり、スポーツジムなどに就職してはたらく人が多いです。

スポーツ用品の企画

（こんな人が向いている！）
・運動系の部活動やクラブで活動している
・使う道具にこだわりがある
・カジュアルで動きやすいデザインの服が好き

（こんな仕事）
　スポーツメーカーの企画・開発部門に所属して、スポーツウェアやシューズ、ラケット、ボールなど、スポーツ用品の企画と開発を担当します。デザインや色だけでなく、汗がすぐかわく布地や、すべらないスパイクなど、機能性も考えて、新しい商品を企画し、素材などを開発しながら形にしていきます。

（スポーツ用品の企画をするには）
　大学や短大、専門学校で経営学、商学、ビジネス学、スポーツ学、デザインなどを学ぶとよいでしょう。最初から企画・開発部門へ配属される可能性は高くないですが、採用試験を受けてスポーツ用品メーカーやメーカー代理店などに就職します。

スポーツチームスタッフ

（こんな人が向いている！）
・応援しているスポーツチームがある
・人の力になるのが好き
・企画やイベントを考えるのが得意

（こんな仕事）
　プロ野球やプロサッカーなどのクラブチームの運営にかかわる仕事を行います。チームの活動をアピールする広報、スポンサーと契約を結んでチームが活動するための資金集め、グッズの製作やファンとの交流イベントの企画、所属している選手とのやりとりなど、幅広い業務を行います。

（スポーツチームスタッフになるには）
　大学や専門学校などでスポーツビジネスやスポーツマネジメントを学んでおくとよいでしょう。卒業後、クラブチームを運営する企業に就職してはたらく場合が一般的です。企画・営業・広報など、ほかの企業で経験を積んでから転職する人も多いです。

柔道整復師

（ こんな人が向いている！ ）
・体の使い方に興味がある
・手先が器用
・思いやりをもって人と接することができる

（ こんな仕事 ）
　スポーツや日常生活で生じた打撲、ねんざ、脱臼、骨折、肉ばなれなどを治療します。外科手術や薬の処方を行わず、素手で患部をもんだり、押したり、たたいたりする手技とよばれる療法や、患部の固定、テーピング、温熱などによる物理療法などを用いて、患者の治癒能力を最大限に引き出します。

柔道整復師になるには
　柔道整復師の国家資格が必要です。柔道整復学科のある大学や短大、または柔道整復師養成施設となっている専門学校を卒業すると、柔道整復師国家試験の受験資格が得られます。試験合格後に接骨院、整骨院などに就職します。

整体師

（ こんな人が向いている！ ）
・体の仕組みに興味がある
・人と触れ合うのが好き
・体力と気力に自信がある

（ こんな仕事 ）
　整体師は骨や関節、骨盤などのゆがみを整えることで、痛みやこり、だるさなどの体の不調を整えます。患者さんから体の不調について詳しく聞き出し、症状に合った施術をします。病院では、病気やけがの診断がされないと治療してもらえないので、このような不調をもつ人にとって貴重な存在です。

（ 整体師になるには ）
　整体師としてはたらくのに特に必要な資格はありません。整体のことが学べる専門学校などで知識と技術を身につけると就職に有利です。整体院などに就職して、さらに技術をみがいて独立して開業する人も多くいます。

スポーツドクター

（ こんな人が向いている！ ）
・スポーツ観戦が好き
・医学でスポーツ選手の力になりたい
・人に説明するのが得意

（ こんな仕事 ）
　スポーツ選手の健康管理や、スポーツで起きたけがの治療を行います。そのほか、競技会でのチームドクターとしてのサポート、トレーニングの内容や進め方の確認、ドーピングの検査、スポーツ医学の研究など、幅広い役割を担います。

（ スポーツドクターになるには ）
　まずは大学の医学部に入学し、医師免許を取得する必要があり、その後、日本に３つあるスポーツドクター資格のうち１つ以上を取得する必要があります。それぞれの受講条件を満たし、講習会を受講します。勤務医や開業医として勤務しながら、各競技連盟（協会）やチームなどに参加して活動します。

スポーツ栄養士

（ こんな人が向いている！ ）
・好きなスポーツ選手やチームがある
・料理や食べることが好き
・人と仲よくなるのが得意

（ こんな仕事 ）
　プロスポーツ選手や一般のスポーツをする人たちに対し、競技でいい成績をおさめられるよう、栄養や食事の面から体づくりをサポートします。トレーニングに合わせて献立のスケジュールを立てたり、食事指導をしたりして健康を支えます。

（ スポーツ栄養士になるには ）
　大学や専門学校で栄養学や食品衛生学などを学び、管理栄養士の資格を取る必要があります。スポーツチームや選手個人と契約したり、学校や医療機関などに就職してはたらきます。スポーツに関する専門知識を学び、公認スポーツ栄養士という資格を取ると就職に有利になります。

スポーツインストラクター

こんな人が向いている！

- 体を動かすのが好き
- わかりやすく説明するのが得意
- 人とすぐに仲よくなることができる

こんな仕事

フィットネスクラブやスポーツジムなどで、運動の指導やトレーニングのアドバイスを行います。スイミングやゴルフなど、特定の種目のスポーツクラブで上達のためのレッスンを行う人もいます。個人指導を行っている施設では、その人に合ったトレーニングのプランを考えることももとめられます。

スポーツインストラクターになるには

必要となる資格はありませんが、体育・健康科学系の大学や専門学校で体や運動について科学的な知識を学ぶとよいでしょう。得意なスポーツの練習をして体をきたえておくことも大切です。フィットネスクラブやスポーツジムなどに就職します。

スポーツ雑誌編集者

こんな人が向いている！

- スポーツニュースを欠かさず見る
- 応援するのが好き
- 文章を読んだり書いたりするのが得意

こんな仕事

スポーツ雑誌の編集を行います。競技の魅力や上達方法をわかりやすく伝える記事や、注目の選手や監督へのインタビュー記事など、スポーツファンに向けた企画を考えて構成します。取材先のスポーツ関係者や、ライターやカメラマン、デザイナーなどと協力しながら、誌面をつくっていきます。

スポーツ雑誌編集者になるには

スポーツ雑誌を刊行している出版社の求人に応募し、採用試験を経て就職します。入社後にスポーツ雑誌を編集する部署に配属されるよう、スポーツについての知識や、スポーツに対する熱意をアピールできるとよいでしょう。

「職場体験完全ガイド」で紹介した仕事

「スポーツが好き！」な人が興味を持ちそうな仕事をPICK UP！

野球選手 ▶ ⑥ p.3
フィギュアスケーター ▶ ⑥ p.27
ゴルファー ▶ ㉔ p.3
バレーボール選手 ▶ ㉔ p.15
テニス選手 ▶ ㉔ p.27
卓球選手 ▶ ㉔ p.37
柔道家 ▶ ㉗ p.3
マラソン選手 ▶ ㉗ p.15
水泳選手 ▶ ㉗ p.27
バスケットボール選手 ▶ ㉗ p.37
レーシングドライバー ▶ ㉙ p.3
力士 ▶ ㉞ p.3
バドミントン選手 ▶ ㉞ p.13
ラグビー選手 ▶ ㉞ p.23
プロボクサー ▶ ㉞ p.35
バイクレーサー ▶ ㊴ p.3
総合格闘技選手 ▶ (54) p.15
競馬騎手 ▶ (54) p.25
競輪選手 ▶ (54) p.35
空手選手 ▶ (59) p.3
スポーツクライミング選手 ▶ (59) p.15
プロスケートボーダー ▶ (59) p.25
プロサーファー ▶ (59) p.35

関連のある会社もCHECK！

ナゴヤドーム ▶ (63) p.37
TBSテレビ ▶ (69) p.5
講談社 ▶ (69) p.17
中日新聞社 ▶ (69) p.27
ABEMA ▶ (74) p.5

毎日練習を続けて、将来はプロ選手として活躍してみたいなあ。

取材協力		スタッフ	
AXIS skateboard park		イラスト	加藤アカツキ
株式会社 SFIDA			宮下やすこ
株式会社 忍 ism		ワークシート監修	株式会社 NCSA
株式会社 名古屋グランパスエイト			安川直志（キャリアデザインアドバイザー）
株式会社 ビジョナリーホールディングス			安川志津香（キャリアデザインアドバイザー）
（メガネスーパー）		編集・執筆	安藤千葉
福岡ソフトバンクホークス 株式会社			嘉村詩穂
			桑原順子
写真提供			田口純子
樫木のこ			前田登和子
株式会社 アフロ			吉田美穂
公益社団法人 宮崎市観光協会		校正	有限会社 くすのき舎
西日本新聞社			菅村薫
森山るり			別府由紀子
		撮影	大森裕之
			南阿沙美
		デザイン	パパスファクトリー
		編集・制作	株式会社 桂樹社グループ
			広山大介

ジブン未来図鑑 職場体験完全ガイド＋ ⑥ スポーツが好き！

サッカー選手・野球監督・eスポーツチーム運営・スポーツジャーナリスト

発行 2023年4月 第1刷

発行者 千葉 均
編集 柾屋 洋子
発行所 株式会社 ポプラ社
〒102-8519
東京都千代田区麹町4-2-6
ホームページ www.poplar.co.jp（ポプラ社）
kodomottolab.poplar.co.jp（こどもっとラボ）
印刷・製本 図書印刷株式会社

あそびをもっと、
まなびをもっと。

？！

こどもっとラボ

©POPLAR Publishing Co.,Ltd. 2023
ISBN978-4-591-17665-8
N.D.C.366／47P／27cm
Printed in Japan

ポプラ社はチャイルドラインを応援しています

18さいまでの子どもがかけるでんわ
チャイルドライン®
0120-99-7777
毎日午後4時〜午後9時 ※12/29〜1/3はお休み

電話代はかかりません
携帯（スマホ）OK

18さいまでの子どもがかける子ども専用電話です。
困っているとき、悩んでいるとき、うれしいとき、
なんとなく誰かと話したいとき、かけてみてください。
お説教はしません。ちょっと言いにくいことでも
名前は言わなくてもいいので、安心して話してください。
あなたの気持ちを大切に、どんなことでもいっしょに考えます。

チャット相談は
こちらから

自分の未来を「好き」から選ぶ、キャリア教育の新定番！

ジブン未来図鑑

職場体験完全ガイド＋　N.D.C.366（キャリア教育）　全 **10** 巻

第 1 期

❶ 食べるのが好き！
パティシエ・シェフ・すし職人・料理研究家

❷ 動物が好き！
獣医・トリマー・動物園飼育員・ペットショップスタッフ

❸ おしゃれが好き！
ファッションデザイナー・ヘアメイクアップアーティスト・スタイリスト・ジュエリーデザイナー

❹ 演じるのが好き！
俳優・タレント・アーティスト・ユーチューバー

❺ デジタルが好き！
ゲームクリエイター・プロダクトマネージャー・ロボット開発者・データサイエンティスト

第 2 期

❻ スポーツが好き！
サッカー選手・野球監督・e スポーツチーム運営・スポーツジャーナリスト

❼ 子どもが好き！
小学校の先生・保育士・ベビーシッター・スクールソーシャルワーカー

❽ 医療が好き！
医師・看護師・薬剤師・診療放射線技師

❾ アニメが好き！
イラストレーター・アニメーター・声優・ボカロP

❿ 宇宙が好き！
宇宙飛行士・星空写真家・宇宙開発起業家・天文台広報

仕事の現場に完全密着！ 取材にもとづいた臨場感と説得力!!

職場体験完全ガイド

N.D.C.366（キャリア教育）　全 **75** 巻

第 1 期

❶ 医師・看護師・救急救命士　**❷** 警察官・消防官・弁護士　**❸** 大学教授・小学校の先生・幼稚園の先生　**❹** 獣医師・動物園の飼育係・花屋さん　**❺** パン屋さん・パティシエ・レストランのシェフ　**❻** 野球選手・サッカー選手・プロフィギュアスケーター　**❼** 電車の運転士・パイロット・宇宙飛行士　**❽** 大工・人形職人・カーデザイナー　**❾** 小説家・漫画家・ピアニスト　**❿** 美容師・モデル・ファッションデザイナー

第 2 期

⓫ 国会議員・裁判官・外交官・海上保安官　**⓬** 陶芸家・染めもの職人・切子職人　**⓭** 携帯電話企画者・ゲームクリエイター・ウェブプランナー・システムエンジニア（SE）　**⓮** 保育士・介護福祉士・理学療法士・社会福祉士　**⓯** 樹木医・自然保護官・風力発電エンジニア　**⓰** 花卉農家・漁師・牧場作業員・八百屋さん　**⓱** 新聞記者・テレビディレクター・CM プランナー　**⓲** 銀行員・証券会社社員・保険会社社員　**⓳** キャビンアテンダント・ホテルスタッフ・デパート販売員　**⓴** お笑い芸人・俳優・歌手

第 3 期

㉑ 和紙職人・織物職人・蒔絵職人・宮大工　**㉒** 訪問介護員・言語聴覚士・作業療法士・助産師　**㉓** 和菓子職人・すし職人・豆腐職人・杜氏　**㉔** ゴルファー・バレーボール選手・テニス選手・卓球選手　**㉕** テレビアナウンサー・脚本家・報道カメラマン・雑誌編集者

第 4 期

㉖ 歯科医師・薬剤師・鍼灸師・臨床検査技師　**㉗** 柔道家・マラソン選手・水泳選手・バスケットボール選手　**㉘** 水族館の飼育員・盲導犬訓練士・トリマー・庭師　**㉙** レーシングドライバー・路線バスの運転士・バスガイド・航海士　**㉚** スタイリスト・ヘアメイクアップアーティスト・ネイリスト・エステティシャン

第 5 期

㉛ ラーメン屋さん・給食調理員・日本料理人・食品開発者　**㉜** 検察官・レスキュー隊員・水道局職員・警備員　**㉝** 稲作農家・農業技術者・魚屋さん・たまご農家　**㉞** 力士・バドミントン選手・ラグビー選手・プロボクサー　**㉟** アニメ監督・アニメーター・美術・声優

第 6 期

㊱ 花火職人・筆職人・鋳物職人・桐たんす職人　**㊲** 書店員・図書館司書・翻訳家・装丁家　**㊳** ツアーコンダクター・鉄道客室乗務員・グランドスタッフ・外国政府観光局職員　**㊴** バイクレーサー・重機オペレーター・タクシードライバー・航空管制官　**㊵** 画家・映画監督・歌舞伎俳優・バレエダンサー

第 7 期

㊶ 保健師・歯科衛生士・管理栄養士・医薬品開発者　**㊷** 精神科医・心療内科医・精神保健福祉士・スクールカウンセラー　**㊸** 気象予報士・林業作業士・海洋生物学者・エコツアーガイド　**㊹** 板金職人・旋盤職人・金型職人・研磨職人　**㊺** 能楽師・落語家・写真家・建築家

第 8 期

㊻ ケアマネジャー・児童指導員・手話通訳士・義肢装具士　**㊼** 舞台演出家・ラジオパーソナリティ・マジシャン・ダンサー　**㊽** 書籍編集者・絵本作家・ライター・イラストレーター　**㊾** 自動車開発エンジニア・自動車工場従業員・自動車整備士・自動車販売員　**㊿** 彫刻家・書道家・指揮者・オペラ歌手

第 9 期

51 児童英語教師・通訳案内士・同時通訳者・映像翻訳家　**52** 郵便配達員・宅配便ドライバー・トラック運転手・港湾荷役スタッフ　**53** スーパーマーケット店員・CD ショップ店員・ネットショップ経営者・自転車屋さん　**54** 将棋棋士・総合格闘技選手・競馬騎手・競輪選手　**55** プログラマー・セキュリティエンジニア・アプリ開発者・CGデザイナー

第 10 期

56 NASA 研究者・海外企業日本人スタッフ・日本企業海外スタッフ・日本料理店シェフ　**57** 中学校の先生・学習塾講師・ピアノの先生・料理教室講師　**58** 駅員・理容師・クリーニング屋さん・清掃作業スタッフ　**59** 空手選手・スポーツクライミング選手・プロスケートボーダー・プロサーファー　**60** 古着屋さん・プロゲーマー・アクセサリー作家・大道芸人

第 11 期　会社員編

61 コクヨ・ヤマハ・コロナ・京セラ　**62** 富士通・NTTデータ・ヤフー・ND ソフトウェア　**63** タカラトミー・キングレコード・スバリゾートハワイアンズ・ナゴヤドーム　**64** セイコーマート・イオン・ジャパネットたかた・アマゾン　**65** H.I.S.・JR 九州・伊予鉄道・日本出版販売

第 12 期　会社員編

66 カルビー・ハウス食品・サントリー・雪印メグミルク　**67** ユニクロ・GAP・カシオ・資生堂　**68** TOTO・ニトリホールディングス・ノーリツ・ENEOS　**69** TBS テレビ・講談社・中日新聞社・エフエム徳島　**70** 七十七銀行・楽天 Edy・日本生命・野村ホールディングス

第 13 期　会社員編

71 ユニ・チャーム・オムロン ヘルスケア・花王・ユーグレナ　**72** 三井不動産・大林組・ダイワハウス・乃村工藝社　**73** au・Twitter・MetaMoJi・シャープ　**74** ABEMA・東宝・アマナ・ライゾマティクス　**75** 東京書籍・リクルート・ライフイズテック・スイッチエデュケーション

ワークシート「自分のキャリアをイメージしてみよう」

「自分の生まれた年」と「現在の年齢」、「今好きなこと」や「小さいころ好きだったこと」を書いてみましょう。

この本で紹介している4人の「　　　」を参考に、**「これから学びたいこと」「してみたいこと（アルバイトなど）」「どんな仕事につきたいか」「どこにだれと住んでいたいか」**を、年齢も入れながら書いてみましょう。

60歳の自分が「どんなくらしをしているか」、想像して書いてみましょう。

気づいたことを、
メモしておきましょう。

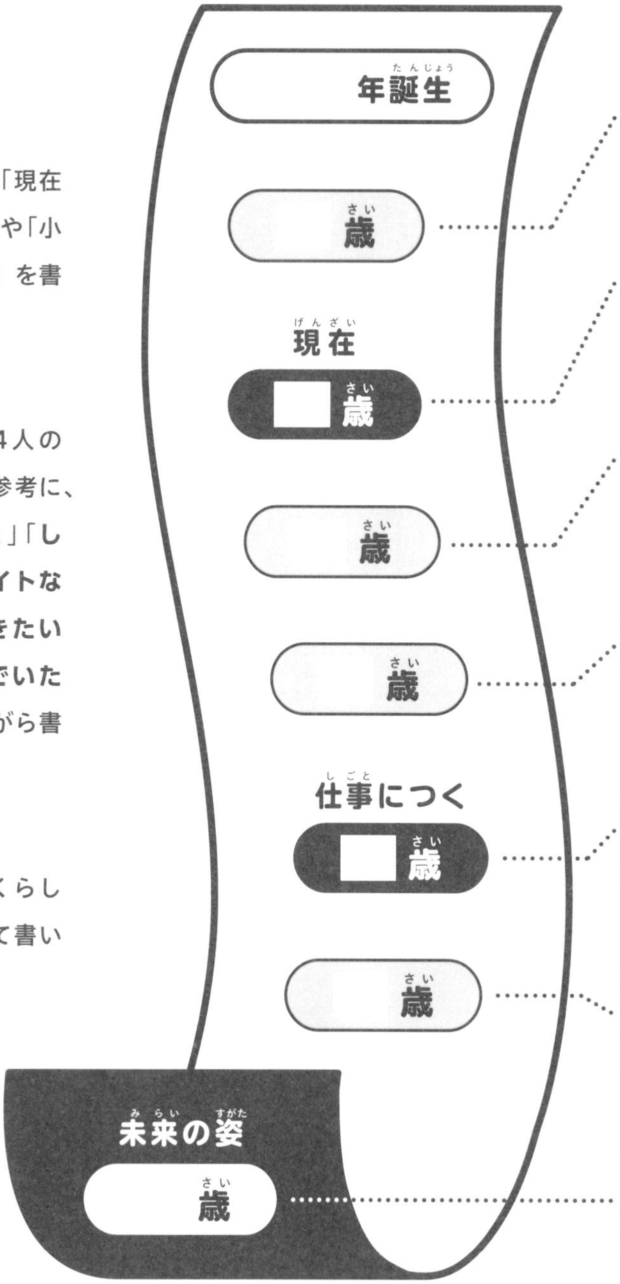

年誕生
歳
現在
歳
歳
歳
仕事につく
歳
歳
未来の姿
歳

小さいころ好きだったことや、得意だったこと

今好きなこと、力を入れていること

学びたいこと、身につけたいこと

してみたいこと（アルバイトなど）

どんな仕事をしている？

どこにだれと住んでいる？

どんなくらしをしている？

なりたい自分に近づくために必要なことは何か、課題は何か、考えてみましょう。

なりたい自分に近づくために必要なこと

気づいたこと